나는 미래에 무슨 히어로가 될까

● 교과 연계
  2022년 개정 교과 _ 초등 과학 4-2 4. 기후 변화와 우리 생활
  2022년 개정 교과 _ 초등 과학 5, 6학년. 과학과 나의 진로

재미난다! 과학 04 과학과 나의 진로
나는 미래에 무슨 히어로가 될까

글 신정민 | 그림 이철민

찍은날 2025년 7월 20일 초판 1쇄 | 펴낸날 2025년 7월 30일 초판 1쇄
펴낸이 신광수 | 출판사업본부장 강윤구 | 출판개발실장 위귀영
아동인문파트 김희선, 설예지, 이현지 | 출판디자인팀 최진아 | 디자인 진행 Studio Marzan 김성미
출판기획팀 정승재, 김마이, 이아람, 전지현
출판사업팀 이용복, 민현기, 우광일, 김선영, 이강원, 허성배, 정유, 정슬기, 정재욱, 박세화, 김종민, 정영묵
출판지원파트 이형배, 이주연, 이우성, 전효정, 장현우
펴낸곳 (주)미래엔 | 등록 1950년 11월 1일 제16-67호 | 주소 서울특별시 서초구 신반포로 321
전화 미래엔 고객센터 1800-8890 팩스 541-8249 | 홈페이지 주소 www.mirae-n.com
ISBN 979-11-7347-543-6 (74080) | ISBN 979-11-6841-812-5 (세트)

ⓒ 신정민, 이철민 2025

책값은 뒤표지에 있습니다.
파본은 구입처에서 교환해 드리며, 관련 법령에 따라 환불해 드립니다. 다만, 제품 훼손 시 환불이 불가능합니다.

KC 마크는 이 제품이 공통안전기준에 적합하였음을 의미합니다.
사용 연령: 8세 이상

나는 미래에 무슨 히어로가 될까

★ 신정민 글
★ 이철민 그림

Mirae N 아이세움

◆ 차례

1. 난 새로운 에너지를 개발할 거야! ·· 9

2. 난 환경 오염을 해결할 거야! ·· 23

3. 난 플라스틱 쓰레기를 없앨 거야! ·· 37

4. 난 생물 다양성을 지킬 거야! ·· 51

5. 난 기후 재난을 이겨 낼 거야! ·· 65

6. 난 물 부족 문제를 해결할 거야! ·· 79

7. 난 인류의 건강을 지킬 거야! ·· 93

8. 난 새로운 지구를 찾을 거야! ·· 107

지구가 펄펄 끓고 있어요!

곳곳에서 기상 이변이 일어나요.
폭염, 폭우, 폭설에
엄청난 토네이도가 씽씽!

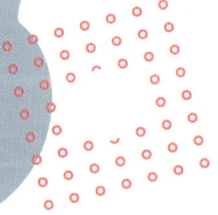

으아아!
이러다 기후 위기가 아니라
지구 대멸종이 올지도 몰라요.

하지만 다행이에요.

기후 위기로부터 지구를 구할
슈퍼 히어로들이 있거든요.

슈퍼 히어로들이 어떻게
지구를 구할까요?
지금부터 이야기를 들어 봐요.

참!
지금 이 책을 펼치고 있는 바로 여러분이
슈퍼 히어로일지 몰라요.

바로 이 친구들처럼요.

난 새로운 에너지를 개발할 거야!

담이

안녕? 나는 담이야.

게임도 좋아하고 축구도 좋아하고

폴딱폴딱 신나게 뛰어노는 것도 좋아해.

언제나 에너지가 넘치지!

내가 제일 좋아하는 만화 캐릭터는

엄청난 에너지를 팡팡 쏴서

우주 악당을 한 번에 물리쳐.

에너지 파워!

나도 따라 하다가

이크, 또 사고를 쳤지 뭐야.

이걸 보면 우리 엄마가 또 폭발할 텐데…….

지구도 폭발하기 직전이라고?

지구도 우리 엄마처럼
열이 펄펄 나서 당장 폭발할 지경이래.

지구는 적당히 따뜻해서
살기 좋아.

그건 태양 덕분이야.
늘 지구를 비추며 엄청난
에너지를 보내 주거든.

태양 에너지는 지구를 따뜻하게 데우고
다시 우주로 빠져나가.
이때 지구를 둘러싸고 있는 온실가스는
열이 우주로 다 빠져나가지 않게 막아 줘.
덕분에 지구의 평균 온도는 15도 정도로 유지돼.

온실가스가 없다면 지구의 평균 온도는
약 영하 18도까지 떨어져서
동식물이 살기 힘들 거야.

하지만 온실가스가
지나치게 많아져서 문제가 일어났지.
빠져나가야 할 열이 꼭꼭 갇혀
지구가 후끈후끈 뜨거워진 거야.
마치 두꺼운 이불을
뒤집어쓴 것처럼 말이야.

**이산화 탄소, 아산화 질소,
메탄 등이 지구를 뜨겁게
만드는 온실가스야.**

이 많은 온실가스를 누가 만든 거야?

" 온실가스는 갖가지 물건을 만드는 공장에서 쉴 새 없이 뿜어져 나와.

" 붕붕 달리는 자동차에서도 나오지.

쓰레기를 활활 태우거나
소가 방귀를 뀔 때도 풍풍~.

전기를 만들 때도
온실가스가 나와.
화력 발전소에서는 석탄, 석유, 천연가스 같은
화석 연료를 활활 태워 생긴 열로 전기를 만들거든.

찾았다! 온실가스를 가장 많이 만드는 건
바로 화석 연료였어.

난 이제 화석 연료를 쓰지 않을 거야.

하지만 책을 읽는 동안에도 게임을 하는 동안에도
씻거나 오줌을 누는 동안에도 심지어 쿨쿨 잠자는 동안에도
나는 화석 연료를 쓰고 있어.

나무로 종이를 만들 때에도 종이로 책을 만들 때에도
화석 연료가 쓰이거든.

또 텔레비전, 냉장고, 세탁기 등
우리가 쓰는 가전제품은 전기로 작동되지.
우리는 쉬지 않고 화석 연료를 쓰고 있는 셈이야.

그래서 결심했어.
새로운 에너지를 만들 거야!

난 미래에
축구공 발전기를 만들 거야.

왜 하필 축구공이냐고?
그야 축구를 정말 좋아하니까!

축구공의 까만 부분을 태양 전지판으로 만드는 거야.
태양의 빛 에너지를 흡수해 전기로 바꾸는 거지.
뙤약볕 아래에서 열심히 축구를 할수록 전기를 많이 만들 수 있어.

어때, 정말 멋지지?

받아라, 에너지 파워!

★★ 과학과 미래 진로

새로운 에너지를 개발하는 사람들

온실가스를 만들지 않는 에너지를 개발하기 위해 노력하는 사람들이 있어요. 햇빛, 물, 바람, 지열, 수소 등 태양과 지구가 있는 한 계속 쓸 수 있는 에너지를 개발하거나 환경을 오염시키지 않는 새로운 에너지를 연구하지요.

재생 에너지 전문가는 태양, 바람, 물 등 계속 쓸 수 있는 재생 에너지로 전기를 만드는 방법을 연구해요.

바이오 에너지 전문가는 옥수수, 나무, 사탕수수, 음식물 쓰레기, 동물의 배설물 등으로 연료를 만들어 에너지로 쓰는 방법을 연구해요.

수소 에너지 전문가는 물을 전기 분해해서 수소를 만들거나 천연가스에서 수소를 뽑아내는 방법을 연구해요. 또 수소 연료 전지 자동차 같이 수소를 활용하는 기술을 연구하고 설계해요.

핵융합 발전 전문가는 태양처럼 핵이 융합하는 원리를 이용해 에너지를 만드는 핵융합 발전 시설을 개발하고 관리해요. 핵융합 발전은 '인공 태양'이라고 불릴 만큼 강력한 에너지를 만들지만 비교적 안전하고, 오염 물질이 거의 생기지 않아 친환경적이에요.

2

난
환경 오염을
해결할 거야!

금이

나는 금이라고 해.

박박, 벅벅, 북북북북!

**아토피 때문에
시도 때도 없이 가려워서 피부를 마구 긁곤 해.**

천식 증세까지 있어서
공기가 맑은 곳을 찾아다니지.
깨끗한 공기를 가득 담아 갈 수 있으면 좋겠어.

쿨럭, 쿨럭! 켁!

내가 기침까지 해 대자 엄마는 스마트폰으로
'미세 먼지 매우 나쁨'을 확인하고 인상을 찌푸렸어.
"아휴, 이럴 줄 알았으면 그냥 집에 있을걸.
얼른 집에 가자."

대기 오염은 위험해!

집으로 돌아가는 차 안에서 보니 하늘이 뿌예.
"휴, 오늘도 대기 오염 물질이 한가득이군."
아빠가 눈살을 찌푸렸지.

**하지만 차를 타고 가는 우리 가족도
오염 물질을 만들고 있어.**

자동차의 배기가스, 공장의 매연,
황사와 함께 날아온 미세 먼지 때문에 대기가 오염돼.
시커먼 대기 속엔 이산화 황, 이산화 질소,
납, 오존, 일산화 탄소 같은 독성 물질이 섞여 있어.

그런 독성 물질이 코와 입을 통해
사람 몸속으로 들어와 갖가지 병을 일으키지.
폐, 심장, 혈관, 심지어 뇌까지 파고들어.
그 때문에 죽는 사람이 1년에 무려 약 700만 명!

**그래서 대기 오염을
'지구촌 최악의 살인자'라고 부르기도 해.**

대기 오염 물질이
빗물에 녹아
산성비로 내리면
땅도 오염돼.

> 산성비는 땅속에 있는 납, 수은, 카드뮴 같은 중금속을 녹여.
> 중금속이 녹아 있는 오염된 땅에서 자란
> 채소나 과일을 먹으면 건강에 해로울 수 있어.

❝ 산성비는 식물 뿌리가 자라는 것도 방해해. 식물 뿌리의 성장을 돕고 흙을 건강하게 만드는 미생물을 죽이거든.

❝ 산성화된 흙에서 자란 식물은 양분을 제대로 빨아들이지 못해 비실비실 말라 죽어.

땅이 오염되면 물도 더러워져!

땅속에 스며든 오염 물질은 지하수에 녹아 흐르고,
땅 위에 쌓인 오염 물질은 비와 함께 씻겨서
강과 바다로 흘러가. 오염 물질이 흘러든 강과 바다에는
질소와 인이 들어 있는 영양분이 많아져.
그걸 먹고 물속 식물이 너무 많이 자라면
물속에 산소가 부족해지지.
그러면 물고기가 숨을 쉬지 못해.
실제로 곳곳에서 물고기들이 떼죽음을 당하곤 해.

물이 오염되면 당연히 사람도 큰 피해를 입어.
중금속이나 병원균에 오염된 물을 마시면
장티푸스, 콜레라 같은 병에 걸릴 수 있지.

**결국 대기 오염은
하늘과 땅, 강과 바다,
그리고 그곳에 사는 동물과 식물까지…….
지구 전체를 위험에 빠뜨려!**

**난 미래에
대기 오염 물질을 모두 빨아들이는
하늘 고래를 만들 거야!**

대왕고래처럼 커다란 고래가 하늘을 날면서
이산화 탄소는 물론 미세 먼지와 오염 물질을
'후웁! 후우우웁!' 마시는 거야.
바다에 사는 고래가 입안에 있는 고래수염으로
플랑크톤을 걸러 먹는 것과 똑같은 원리야.

잔뜩 들이마신 오염 물질을 뱃속에서 꾹꾹 압축하고

공기를 맑게 하는 산소를 뿜뿜!

그러면 하늘과 땅, 강과 바다가

훨씬 깨끗해지겠지?

★★ 과학과 미래 진로

환경 오염을 해결하는 사람들

오염된 대기, 토양, 물을 깨끗하게 만들기 위해 노력하는 사람들이 있어요. 스위스의 '클라임웍스'에서 공기를 깨끗하게 하기 위해 개발한 '오르카'는 이산화 탄소를 모은 뒤 땅속 깊은 곳에서 돌처럼 단단하게 굳혀요.

재료 공학자는 우리 주변의 물질이 어떤 재료로 이루어졌는지, 어떤 성질을 가지고 있는지 연구해요. 나무보다 이산화 탄소를 수백 배나 더 흡수하는 재료를 개발해 인공 나뭇잎을 만들기도 해요.

환경 공학자는 오염된 공기나 물을 정화하거나 토양의 오염 물질을 제거하는 기술을 개발해요.

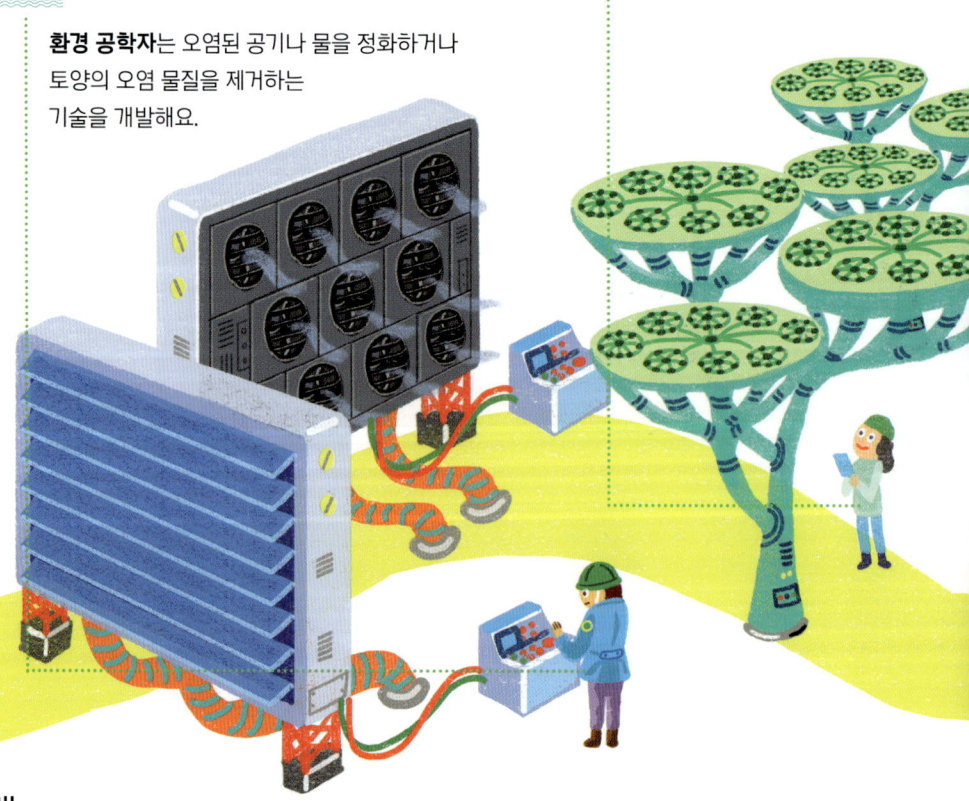

토양 환경 기술자는 흙을 채취해 중금속, 농약 등의 오염 물질이 있는지 분석하고 오염된 흙을 깨끗하게 정화하거나 처리해요.

대기 환경 기술자는 미세 먼지, 오존, 황사 같은 대기 오염 물질을 조사하고 분석해요. 대기 오염을 줄이기 위해 정화 장치를 설치하고 관리하는 일도 하지요.

수질 분석 연구원은 수질을 주기적으로 측정해 오염 원인을 분석해요. 또 오염된 물을 깨끗하게 만드는 기술을 연구해요.

3

난
플라스틱
쓰레기를
없앨 거야!

내 이름은 솜이야.

조몰락조몰락 뭔가를 만드는 걸 좋아해.

운동도 자신 없고 노래도 잘 부르지 못하지만

만들기 솜씨 하나만큼은 다들 인정하지.

특히 재활용품으로 새로운 걸 만드는 게 재밌더라.

내가 지금 무엇을 하고 있냐고?

씽씽이랑 만들기를 할 재활용품을 모으고 있어.

씽씽이는 내 반려 거북이야.

암컷 바다거북만 많이 태어난다고?

바다거북은 모래 속에 알을 100개쯤 낳는데
모래 온도가 낮으면 수컷, 높으면 암컷이 많이 태어난대.
하지만 요즘은 세계 어디서나
암컷 바다거북이 많이 태어난다지 뭐야.
지구 온난화가 얼마나 심각한지 알겠지?

그런데 바다거북을 진짜로 괴롭히는 건 플라스틱 빨대야.
코에 빨대가 꽂혀서 괴로워하는 거북 사진을 본 적 있니?
그 바다거북은 평생 불편하게 빨대를 꽂고 다니거나
빨대 때문에 피를 너무 많이 흘려서 죽을 수도 있어.

스페인의 남부 해변에서
커다란 향고래가 죽은 채 발견된 적이 있어.
향고래의 뱃속에서 컵, 비닐봉지 등
온갖 쓰레기가 무려 30킬로그램이나 나왔지.
쓰레기 대부분이 플라스틱이었어.

플라스틱 쓰레기는 해마다 늘고 있어.

바다로 흘러드는
플라스틱 쓰레기는 1년에 약 800만 톤.
해마다 그 양이 부쩍부쩍 늘고 있어.

이러다가 물고기보다
플라스틱이 더 많아질 것 같아.

수백 년 동안 썩지 않는 플라스틱 쓰레기는
전 세계 바다를 둥둥 떠돌다가
한곳에 모여 거대한 섬을 만들어.

태평양 한가운데에는 우리나라 면적의 몇 배나 되는 커다란 플라스틱 쓰레기 섬이 있어.

더 심각한 것은 미세 플라스틱이야.

바다에 떠 있는 플라스틱은
파도와 햇빛과 바람에 닳아 점점 작아져.
아주아주 작아진 미세 플라스틱은
시간이 지나면서 점점 바닷속으로 가라앉아.
그러면 바닷속에 사는 바다 생물이
미세 플라스틱을 먹이인 줄 알고 먹어.

오징어, 명태, 갈치, 꽁치, 고등어 같은
바다 생물을 먹어 본 적 있지?
결국 우리가 버린 플라스틱을 우리가 먹는 셈이야.

**난 미래에
플라스틱 먹는 씽씽이 거북선을 만들 거야!**

이순신 장군이 만든 거북선은 바다에서 거침없이
불을 내뿜으며 적군을 물리쳤지.

하지만 내가 만든 거북선은
바다에서 시원하게 물을 쭉쭉 뿜어.

바다를 떠다니며 바닷물을 꿀꺽꿀꺽 삼키고
플라스틱만 걸러 낸 다음 맑은 물을 뿜는 거지.

커다란 그물로 플라스틱 쓰레기를 수거하기도 해.

어때, 정말 멋지지?

★★ **과학과 미래 진로**

플라스틱 쓰레기를 없애는 사람들

바다 생물뿐만 아니라 인간에게도 위험한 플라스틱 쓰레기를 없애기 위해 노력하는 사람들이 있어요. 네덜란드의 비영리 환경 단체인 '오션클린업'은 거대한 그물을 이용해 5개월 동안 바다에서 4만 킬로그램 가량의 플라스틱을 수거했어요.

해양 플라스틱 수거 전문가는 바다에 떠다니거나 해변에 쌓인 플라스틱 쓰레기를 수거하고, 수거한 플라스틱을 재활용하거나 친환경적으로 처리할 방법을 연구해요.

바이오 플라스틱 연구원은 자연에서 좀 더 잘 분해되는 플라스틱 원료를 찾고 제품으로 만드는 방법을 연구해요. 석유 같은 화석 연료가 아닌 사탕수수나 옥수수 같은 식물성 원료나 미생물을 이용해 플라스틱을 만들어요.

업사이클링 전문가는 버려지는 물건에 디자인이나 기능을 더해 새로운 제품으로 만들어요. 플라스틱으로 인형이나 운동화를 만들고 폐방수포로 가방을 만드는 등 환경 문제에 꾸준히 관심을 갖고 제품을 개발해요.

난 생물 다양성을 지킬 거야!

범이

내 이름은 범이야.

친구들은 나를 '표범'이라고 부르기도 해.

표범처럼 날쌔고 씩씩하거든.

난 요즘 드론 날리기에 푹 빠져 있어.

드론으로 찍은 영상을 스마트폰을 통해

실시간으로 볼 수 있지.

난 지금 외삼촌 댁에 놀러 와서

넓은 과수원에 드론을 날리고 있어.

꿀벌이 사라졌어!

"벌들아, 도대체 어디로 간 거니?"
외삼촌이 울상이 되어 소리쳤어.

벌이 이 꽃 저 꽃 사이로 붕붕 날아다녀야
사과나무에 열매가 열리는데, 눈을 씻고 찾아봐도 꿀벌이 없대.
그래서 어른들 모두 땀을 뻘뻘 흘리며 인공 수분을 해 주고 있어.
붓으로 꽃마다 일일이 꽃가루를 묻히는 거야.

**우리나라뿐 아니라 전 세계에서
꿀벌이 사라지고 있어.**

꿀벌이 사라져 열매를 맺지 못하면 식물이 줄어들어.

식물이 줄어들면 식물을 먹는 곤충과 새도 굶주릴 수밖에 없어.

결국 점점 더 많은 생물이 사라질지도 몰라.

하루에도 100여 종의 생물이 사라지고 있어.

도도새, 파란영양, 코끼리새, 오록스, 콰가…….
이름도 낯선 이 동물들은 벌써 오래전에 멸종했어.
대왕고래, 대왕판다, 검은코뿔소, 분홍돌고래, 듀공…….
이런 동물들은 아직 멸종되지 않았지만
멸종 위기종으로 분류되었지.

생물이 하나둘 사라지고 생태계가 무너지면
세상에 하나뿐인 지구도 위험해질 거야.

'침팬지 엄마'로 유명한 제인 구달도 이렇게 말했지.

"거미줄이 하나씩 끊어지면 전체가 무너진다.
이처럼 '생명의 그물망'이 잘려 나가면
지구 안전망도 구멍 나고 위험해진다."

왜 이렇게 많은 생물이 사라지냐고?
숲이 줄어들기 때문이야.

1년 내내 덥고 습한 열대 우림은
지구 전체 육지 면적의 약 7퍼센트를 차지해.
하지만 지구에서 가장 다양한 생물종이 살지.

2022년에는 열대 우림이 1분마다
축구장 11개 면적만큼 파괴되었어.

열대 우림이 줄어드는 까닭은
사람들이 나무를 베어 내기 때문이야.

> 잘린 나무들은 우리가 쓰는 종이가 되고
> 건물이나 가구를 만드는 재료가 되지.
> 또 소나 닭을 키우거나
> 석유 같은 지하자원을 캐내기 위해 나무를 베기도 해.

> 이렇게 지구 곳곳에서 숲이 점점 사라지면
> 다양한 동식물이 살아갈 곳도 없어져.
> 생물이 살지 못하는 세상에선 당연히 사람도 살 수 없지.
> 정말 큰일이야!

난 미래에
꿀벌 미니 드론을 만들 거야!

꿀벌 미니 드론이 씨앗이나 어린 나무를 하나씩 달고
하늘을 둥둥 날아다니다가
나무가 자라기 좋은 곳에 떨어뜨리는 거지.

또 드론이 꿀벌 대신 꽃들 사이를 붕붕 날아다니며
인공 수분을 해 주는 거야.
그러면 열매도 잘 맺고 나무도 잘 자라겠지?
그때를 위해 드론 날리는 연습을 더 열심히 해야겠어.

날아라, 드론!

★★ 과학과 미래 진로

생물 다양성을 지키는 사람들

생물 다양성을 지키기 위해 노력하는 사람들이 있어요. 오스트레일리아의 '에어 시드 테크놀로지스'라는 기업은 인공 지능을 탑재한 나무 심기 드론을 만들었지요. 나무를 많이 심으면 숲이 되고, 숲이 생기면 다양한 생물이 살 수 있어요.

드론 조종사는 드론을 이용하여 지형을 측량하거나 농작물을 관찰하고 나무 씨앗을 운송해요.

산림 복원가는 벌목, 산불, 개발 등으로 훼손된 숲을 복원하기 위해 노력해요. 독일의 본에서 시작된 '본 챌린지'는 2030년까지 3억 5000만 헥타르의 숲을 복원하는 게 목표지요. 우리나라 땅의 약 35배나 되는 크기예요.

멸종 위기 관리사는 기후 변화와 환경 오염으로 사라져 가는 동식물을 보호하기 위해 노력해요. 또 도로 주변에 야생 동물 이동 통로를 만들고 구조 센터를 운영하며, 동물 서식지를 보호하기 위해 동물 보호 구역을 지정하기도 해요.

야생 동물 복원 전문가는 산양, 황새, 반달가슴곰처럼 사라져 가는 동물을 되살리려고 노력해요. 유전 공학 전문가와 힘을 합쳐 전 세계에 딱 두 마리 남아 있는 아프리카 북부 흰코뿔소의 멸종을 막는 프로젝트를 진행하기도 해요.

난
기후 재난을
이겨 낼 거야!

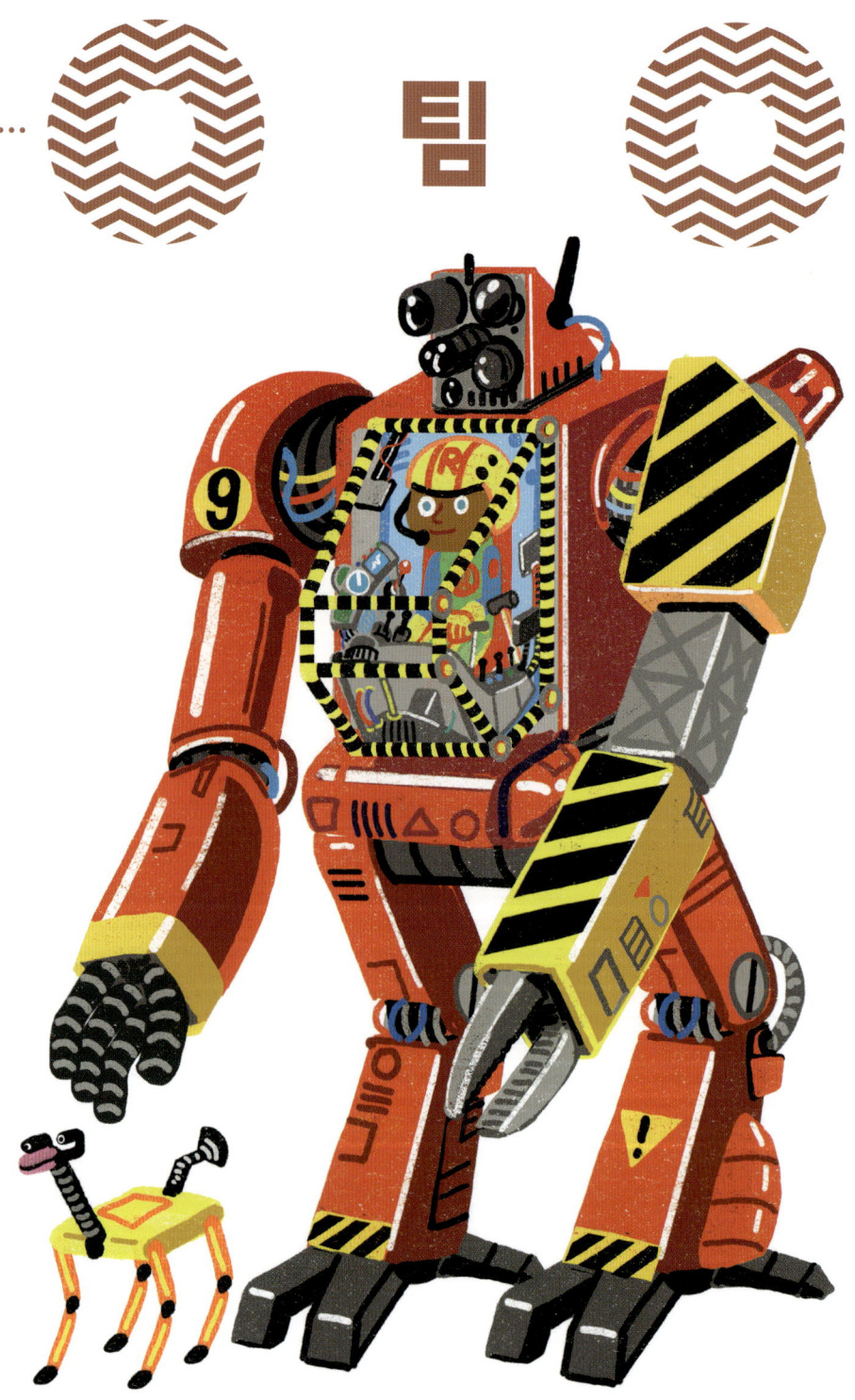

하이! 내 이름은 팀.
엄마는 한국인, 아빠는 인도인이야.

한국에서 살고 있지만
인도에 있는 할머니와 영상 통화를 자주 해.

**참, 얘는 내 반려 로봇 슙이야.
인도어로 '행운'이라는 뜻이지.**
할머니가 사 주셨어.

"슙! 영화 보여 줘."
"슙! 게임 한판 할까?"

숙제도 같이하고 인공 지능으로 대화하고
슙이랑 있으면 심심할 틈이 없어.

"이곳은 지금 난리가 났어!"

할머니가 스마트폰으로 동영상을 보내 주셨어.

인도에 엄청난 사이클론이 닥쳤대.

사이클론은 태풍과 같은 거야.

비가 많이 와서 도로가 물에 잠기고

세찬 바람에 거대한 나무가 뿌리째 뽑혀 쓰러지고

집들이 힘없이 무너지는 모습을

동영상에서 볼 수 있었지.

수십 명이 목숨을 잃었대.

얼마 전에는 기온이 무려 50도 가까이 올라

농작물이 말라 죽고 많은 사람이 열사병으로 쓰러졌대.

사이클론, 홍수, 폭염, 가뭄뿐 아니라
지진, 모래 폭풍, 한파, 우박까지…….
온갖 자연재해가 끝도 없이 일어나.

자연재해는 전 세계 어디에서나 일어나.

> 인도만의 문제가 아니야.
> 방글라데시, 미얀마, 태국, 말레이시아, 인도네시아도 해마다 엄청난 피해를 입어.
> 유럽, 아프리카, 아메리카의 나라들도 마찬가지야.

2024년 4월 18일	2024년 4월 27일	2024년 4월 28일	2024년 4월 29일	2024년 5월 7일
아랍 에미리트에 기상 관측 이래 최악의 폭우 발생.	중국 광저우에 토네이도가 발생하여 건물 140여 채 파손.	동남아시아 지역에 50도에 육박하는 폭염이 발생하여 인명 피해 속출.	미국 오클라호마주에 토네이도가 발생하여 시내 건물들 파괴.	브라질에 내린 폭우로 90여 명이 목숨을 잃음. 옥수수, 대두 생산지도 초토화됨.

더 큰 문제는
해마다 이런 재해가 더 자주 발생하고
그 피해도 더욱 커진다는 거야.
그야말로 기후 재난이
일어나고 있어.

왜 이런 기후 재난이 일어나는 걸까?

지구가 뜨거워지기 때문이야.
대기 온도가 올라가면 여름철 폭염이 자주 발생해.
폭염 때문에 죽는 사람이
해마다 늘고 있어.

쨍쨍 내리쬐는 뜨거운 열기는
땅속의 물기를 바짝바짝 마르게 해.
땅이 건조해지면 산불이 잘 일어나.
산불은 몇 달씩 이어지면서
막대한 피해를 입히기도 해.

뜨거워진 강, 호수, 바다에서 수분이 너무 많이 증발하면
대기 중에 수증기가 많아져 폭우나 슈퍼 태풍이 자주 발생해.
폭우나 슈퍼 태풍으로 홍수나 산사태가 일어나면
많은 사람이 피해를 입거나 목숨을 잃어.

이런 일은 언제든 일어날 수 있어.
그러면 더 많은 사람이 위험에 처할 텐데,
어떡하지?

**나는 미래에
재난 구조 로봇을 만들 거야!**

재해 때문에 위험에 처한 사람들을 구하는 거지.

내가 어디 있어도 나를 찾아오는 반려 로봇 숍처럼
태풍으로 무너진 집에 매몰된 사람들을 찾아내고
물이나 구급약을 전달해.
또 산불로 활활 타는 집에 물을 뿌려
재빨리 불을 끄지.

★★ 과학과 미래 진로
기후 재난을 극복하는 사람들

기후 재난을 막고 피해를 줄이기 위해 최선을 다하는 사람들이 있어요.
태풍, 홍수, 폭염, 폭설, 폭풍, 해일, 가뭄, 지진 등
더 강력해지는 기후 재난을 예방하고 피해 현장을 복구하며
피해를 입은 사람들을 도와요.

스마트 재난 관리 전문가는 최신의 정보 통신 기술과 첨단 장비를 활용해 재난을 예방하고 대응하고 복구하는 전략과 시스템을 만들어요.

로봇 공학자는 기후 재난 상황을 분석하고 그에 맞는 로봇을 설계하고 만들어요.

재난 구조 로봇 원격 조종 전문가는 사람이 접근하기 어려운 위험 지역에 들어가 구조 활동을 하는 재난 구조 로봇을 조종해요. 재난 구조 로봇은 재난 현장에서 생존자의 위치를 찾아내고 구조하거나 가스 누출, 붕괴 같은 위험 요소를 탐지해 경고를 보내요.

구조대원은 무너진 건물, 불난 집, 물에 잠긴 마을 등 재난 현장에 찾아가 위험에 빠진 사람들을 구하고 도움을 줘요.

난
물 부족 문제를
해결할 거야!

샘이

나는 샘이야.
수영을 좋아해서 수영장에 자주 와.
첨벙첨벙, 어푸어푸!
엄마가 그러는데, 난 아주 어렸을 때부터
물놀이를 엄청 좋아했대.

신나게 수영을 하고
시원한 물을 벌컥벌컥 마신 뒤,
폭포처럼 쏴 쏟아지는 물로
후련하게 샤워를 하지.

아, 물이 없으면 얼마나 불편할까?

많은 사람이 물 부족으로 고통받고 있어!

지구 표면의 70퍼센트 이상이 물이고
수도꼭지만 틀면 맑은 물이 콸콸 나오는데
왜 물이 부족하다고 할까?

지구의 물은 대부분 사람이 마실 수 없는 바닷물이고
그나마 쓸 수 있는 물은 거의 다 남극이랑 북극에
꽁꽁 얼어붙어 있어.
그래서 실제로 사람이 사용할 수 있는 물은
겨우 전체의 0.0075퍼센트 정도에 불과해.

게다가 지구에 사는 사람은 자꾸 늘어나고
사용하는 물의 양도 많아져.
지구 인구가 2배 늘어나는 동안
사용하는 물의 양은 3배 넘게 늘었어.
그러니까 물이 점점 부족해질 수밖에!
심지어 물 때문에 전쟁이 일어나는 곳도 있어.

전 세계 강과 호수는
여러 나라 사이에 걸쳐 있어서
물 분쟁이 종종 일어나.

기후 위기 때문에 물 부족이 더 심해져!

기온이 올라가면 물이 증발해.
흙이 머금고 있던 수분도 마르고
강, 호수, 저수지의 물도 줄어들지.

높은 산의 빙하나 만년설이
'자연의 거대한 물탱크'라는 것을 알고 있니?

빙하나 만년설이 천천히 녹아 강으로 흐르면서
산 아래 지역에 물을 공급하지.
인도의 갠지스강과 인더스강, 중국의 양쯔강,
남아메리카의 아마존강도 빙하나 만년설에서 시작되었어.

지구 온도가 오르면 빙하와 만년설이 녹아서
강물이 불어나는 것처럼 보이지만
빙하와 만년설이 빠르게 줄어들어 결국 물이 부족해져.

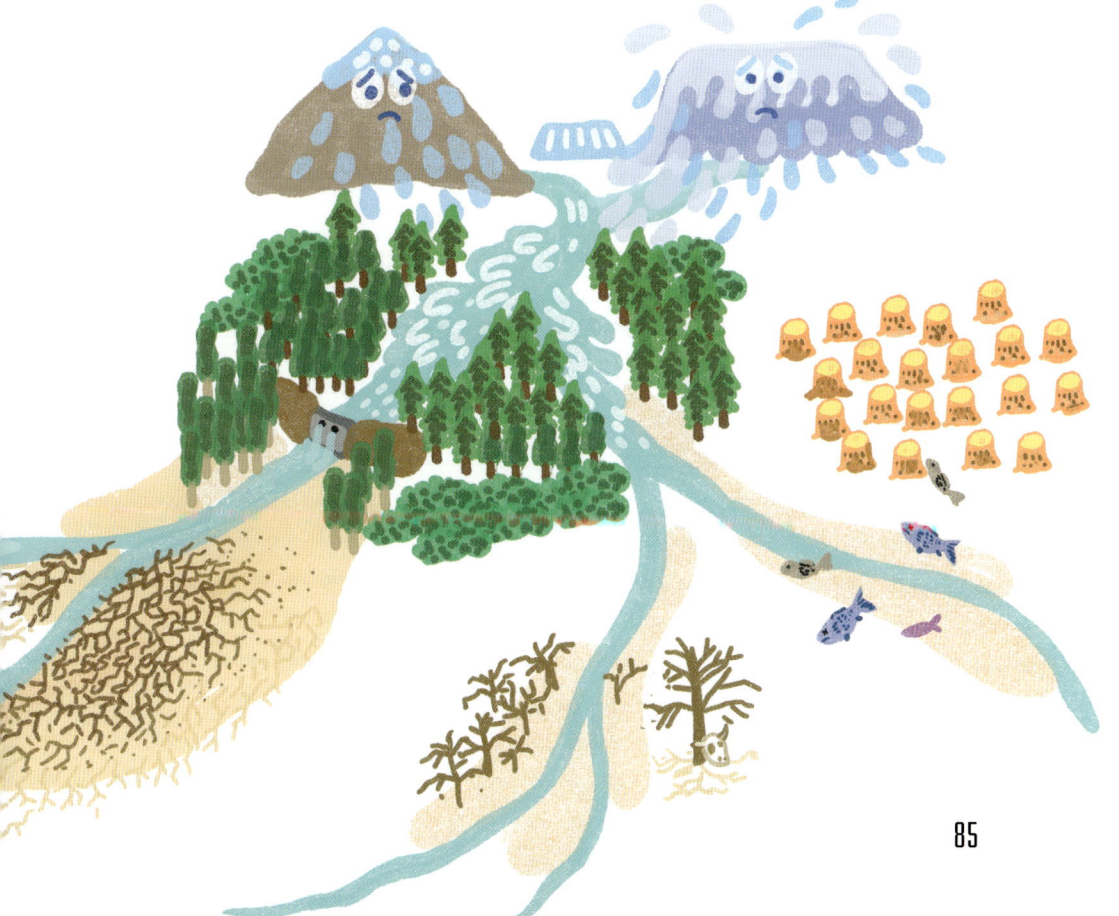

모든 곳에 물이 필요해!

우리가 사용하는 가구, 가전제품, 장난감을 만들 때에도 물이 필요해.

마시고 씻고 청소하고 화장실에서 볼일을 볼 때도 물이 필요해.

청바지 한 벌을 만들 때 약 7,500~11,000리터의 물이 필요해.

그렇게 많이?

곡식, 채소, 과일을 심고 거둘 때
소, 닭, 돼지 같은 가축을 기를 때에도
물이 많이 필요하지.

이렇게 우리가 먹고 쓰는 음식과 물건에는
보이지 않는 물이 숨어 있어.
물이 부족해지면 어떡하지?

난 미래에
인공 지능 두더지 로봇을 만들 거야!

수천 마리, 수만 마리 두더지 로봇이
땅속을 누비며 꼬불꼬불 꾸불꾸불 수많은 길을 만들어.
비가 오면 그 길로 빗물이 스며들지.
그렇게 스며든 물은 땅속에 저장되어 사막이나 아프리카처럼
물이 부족한 곳에서 언제든 쓸 수 있어.

지렁이 로봇을 만들어도 좋겠어.
땅속을 요리조리 다니며 마치 몸속의 혈관처럼
지구 전체에 가느다란 물길을 만드는 거지.

바오바브나무처럼 거대한 나무를 심으면 어떨까?
바오바브나무의 줄기는 스펀지 같아서
수천 리터의 물을 흡수하고 저장할 수 있거든.
나라마다 도시마다 바오바브나무를 수백 그루씩 심으면
물 부족 문제가 싹 해결되지 않을까?

★★ 과학과 미래 진로

물 부족 문제를 해결하는 사람들

물 부족 문제를 해결하기 위해 노력하는 사람들이 있어요.

빗물을 깨끗하게 모으거나 바닷물을 담수로 만드는 방법을 연구해요.

또 물을 효율적으로 아끼고 저장하고 전달하는 방법을 찾지요.

수자원 공학자는 강, 호수, 지하수, 빗물 등을 어떻게 모으고 깨끗하게 만들지 연구해요. 또 홍수 및 가뭄 피해를 예방하고 대응하기 위해 홍수 조절 댐이나 배수펌프장, 빗물 저장 장치 같은 시설을 설계하고 만들어요.

스마트 워터 그리드 전문가는 인공 지능, 사물 인터넷 등 첨단 기술을 활용하여 하수도 시스템을 구축하고 관리해요.

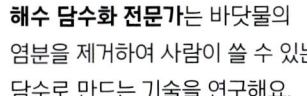

해수 담수화 전문가는 바닷물의 염분을 제거하여 사람이 쓸 수 있는 담수로 만드는 기술을 연구해요.

7

난
인류의 건강을
지킬 거야!

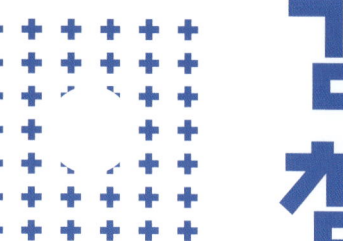 겁이 참이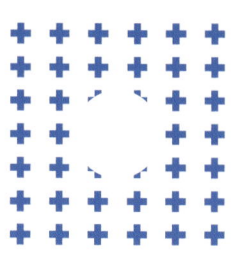

나는 겸이, 내 동생은 참이야.
우리는 쌍둥이 남매야.

나는 몇 년 전 할아버지가 코로나 바이러스에
감염되어 돌아가셨을 때 마음먹었어.

"꼭 의사가 되어 전염병을 없앨 거야!"

동생 참이는 우리 집 강아지 쫑이가
교통사고로 다리를 다친 뒤 결심했지.

"몸이 불편한 사람들을 치료해 줄 거야!"

팬데믹이 또 일어날 수 있다고?

코로나 바이러스를 현미경으로 보면

겉에 뾰족뾰족한 돌기들이 동그랗게 둘러져 있어.

그 모습이 마치 태양 가장 바깥 부분의 코로나를 닮았다고 해서

'코로나 바이러스'라는 이름이 붙었지.

아주아주 작은 이 바이러스가 몇 년 동안이나

전 세계를 공포에 떨게 했어.

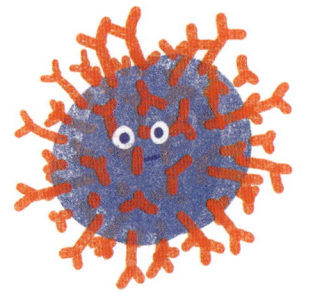

2020년부터 지구 전체에 퍼진 코로나 바이러스에

무려 7억 명 넘는 사람들이 감염되었고

700만 명 넘는 사람들이 죽었어.

**이처럼 전염병이 세계적으로 널리 퍼지는 것을
'팬데믹'이라고 해.**

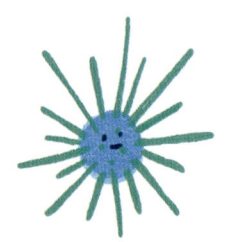
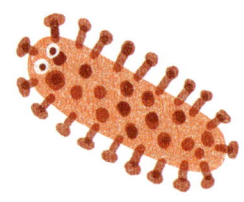

인류를 위협한 팬데믹

14세기 흑사병: 유럽 인구의 약 30~60퍼센트 사망.
1918년 스페인 독감: 약 2,000~5,000만 명 사망.
1957년 아시아 독감: 약 100~200만 명 사망.
1968년 홍콩 독감: 100만 명 이상 사망.

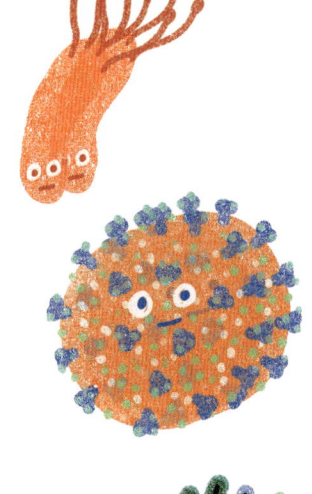
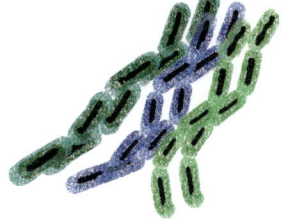

그런데 이것보다

훨씬 센 전염병이 또 올지도 모른대.

도대체 왜 자꾸 이런 병이 생기는 거야?

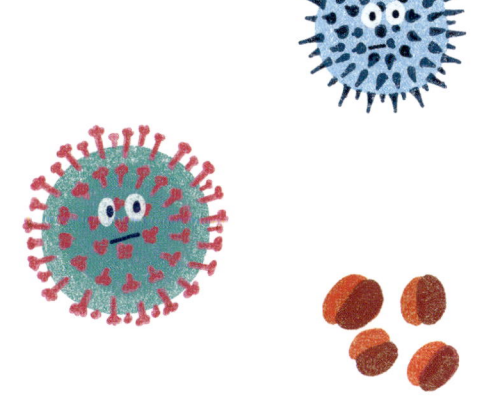
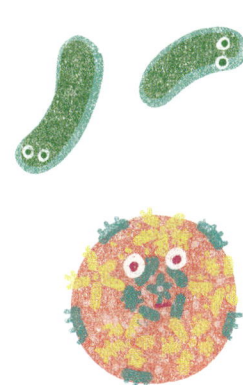

전염병도 기후 변화 때문에 많이 발생해.

기후 변화로 야생 동물의 서식지가 파괴되면서 야생 동물과 사람들이 접촉하는 경우가 많아졌어.

코로나 바이러스도 박쥐의 서식지가 바뀌면서 사람들에게 전염되었다고 알려져 있어.

또 기후 변화로 더워지면서 이집트숲모기에 의해 전파되는 지카 바이러스에 감염될 확률이 높아졌어.

특히 임신부가 지카 바이러스에 감염되면 뱃속의 아기에게 위험해. 머리가 지나치게 작아지는 작은머리증 같은 심각한 병이 생기거든.

❝ 2015년 브라질에 이집트숲모기가 퍼지면서 수천 명의 갓난아기가 지카 바이러스에 감염돼 피해를 입었어.

❝ 그 밖에도 박쥐에 의한 니파 바이러스, 모기에 의한 치쿤구니야 바이러스와 웨스트나일 바이러스 등이 점점 더 위력을 떨치고 있어.

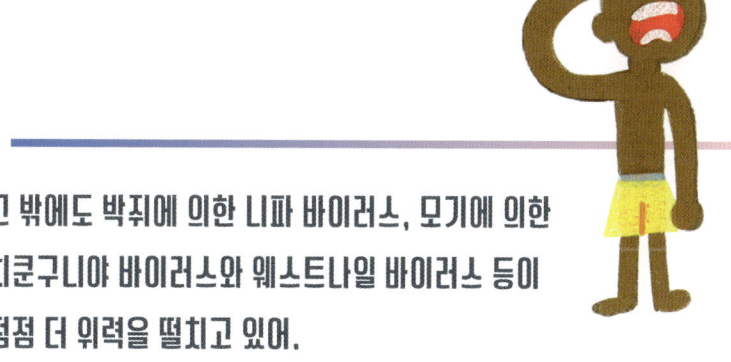

좀비 바이러스가 깨어나고 있어!

시베리아처럼 추운 나라에는
1년 내내 꽁꽁 얼어붙어 있는 영구 동토대가 있어.
그 차가운 얼음 땅에는 수만 년 전에 죽은 매머드, 코뿔소,
호랑이뿐만 아니라 여러 가지 식물과 미생물이 묻혀 있지.
그런데 지구 온난화로 얼음이 녹으면서 동물 사체와 함께
온갖 세균과 바이러스가 나오고 있어.

실제로 2016년 시베리아 땅속에서 나온 탄저균에
어린이들이 감염되었고 순록 2,000여 마리가 죽었어.

이런 바이러스가 깨어나는 걸
어떻게 막을 수 있을까?

나는 미래에
바이러스 청소기를 만들 거야!

최첨단 바이러스 감지 장치를 개발해서

위험한 바이러스가 주변에 있으면 경보음을 울리는 거야.

또 빅 데이터와 인공 지능 기술을 이용해

바이러스 유행 지역을 감지하고

미세 먼지 예보처럼 바이러스 위험 등급을 알려 주지.

이렇게 바이러스 경보가 뜨면

마치 진공청소기처럼

바이러스만 쏙쏙 빨아들이는 바이러스 청소기로

바이러스를 제거하는 거야.

어때, 멋지지?

★★ 과학과 미래 진로
인류의 건강을 지키는 사람들

감염병을 예방하고 치료하기 위해 애쓰는 사람들이 있어요.
갖가지 세균과 바이러스를 연구해 감염병의 전파를 막고,
새로운 백신과 치료제를 개발하기 위해 노력하고 있어요.

바이러스 과학자는 눈에 보이지도 않을 만큼 작은 바이러스가 어떻게 생겼고 어떤 병을 일으키며 어떻게 전파되는지 연구해요.

백신 개발자는 어떤 바이러스나 세균이 전염병을 일으키는지 조사한 다음 바이러스나 세균에 면역이 생기게 해 줄 백신을 개발해요. 백신 접종 효과와 부작용을 분석하기도 해요.

감염병 조사 전문가는 감염병이 언제, 어디서, 누구에게 퍼졌는지 추적하는 일을 해요. 이 결과를 바탕으로 전염병이 앞으로 어떻게 퍼질지 예측하고 막을 방법을 연구해요.

공중 보건 전문가는 오물이나 폐기물이 안전하게 처리되는지, 전염병이 쉽게 전파될 만한 곳은 없는지 살펴요. 또 정부나 단체와 협의해서 환경 정화 등의 계획을 세우고 추진해요.

8

난
새로운 지구를
찾을 거야!

나는 움이야.

지금 신나게 가상 현실 게임을 하고 있어.

자동차 경주 게임, 총 쏘는 게임,

축구나 농구 같은 스포츠 게임도 재미있지만

나는 행성 게임을 제일 좋아해.

지구 밖의 멀고 먼 행성으로 가서

낯설고 특이한 생명체를 찾고

그곳에 지구인이 살 수 있는 환경을 만드는 거야.

내가 개척한 행성이 궁금하지 않니?

지구가 사망했습니다!

환경의 날을 맞아 어느 학교에서
'지구 장례식'을 열었다는 뉴스를 보았어.

"지구가 이산화 탄소, 메탄을 너무 많이 먹더니
온몸이 펄펄 끓다가 죽고 말았네, 엉엉……."

학생들은 지구의 영정 사진을 걸어 놓고
"아이고, 아이고!" 하며 곡을 했지.

어쩌면 머지않아 정말로 지구 장례식을
치러야 할지도 모르겠어. 자원이 고갈되고
환경이 오염되었을 뿐만 아니라
생태계가 마구 파괴되어
지구는 회복하기 힘든
상황이거든.

제2의 지구를 찾아야 해.

세계적인 물리학자 스티븐 호킹은 이렇게 말했지.

"앞으로 200년 안에 제2의 지구를 찾아야 한다.
1,000년 안에 지구가 멸망할 테니까."

1,000년이 아니라 100년 안에 지구가 멸망할 수도 있어!

지구의 평균 온도가 1도 높아지면
아프리카 킬리만자로산의 만년설이 사라지고
지구 생물종의 약 10퍼센트가 멸종할 수 있어.

2도 높아지면 그린란드의 빙하가 급속도로 녹아
해수면이 눈에 띄게 높아지고
극심한 가뭄으로 아프리카 인구의 약 75퍼센트가
굶주릴 수 있어.

3도 높아지면 지구 전체가 사막으로 변하고 전염병이
크게 번지며 지구 전체 생물종의 30~50퍼센트가 사라져.

> 이렇게 4도, 5도 높아지다가
> 마침내 6도 높아지면…….

**지구 전체의 생태계가 와르르 무너지면서
대멸종이 시작된대.
당연히 인간도 살 수 없지.**

꺅! 그건 정말 생각하기도 싫어!

지구에서는 지금까지 다섯 번의 대멸종이 있었어.

어마어마한 화산이 폭발하거나
빙하기로 기온이 갑자기 낮아지면서 환경이 급격히 변해
많은 생물이 멸종했지.

약 6,000만 년 전 지구에서 공룡이 사라졌어.
거대한 소행성이 지구에 충돌한 뒤
그 충격으로 먼지와 가스가 대기를 가득 덮고
햇빛을 가려 지구 온도가 급격히 내려갔어.
이때 전체 생물의 약 75퍼센트가 멸종했대.

여섯 번째 대멸종이 이미 시작되었다고 말하는 학자들도 있어. 이대로 간다면 2100년쯤에 지구 평균 기온이 3도 이상 올라가서 다시는 돌이킬 수 없는 사태가 벌어질 거래.

**여섯 번째 대멸종이 일어난다면
그건 바로 인간 때문이야.**

**나는 미래에
또 다른 지구를 찾을 거야!**

광속 우주선을 타고 까마득한 우주 공간을
빛처럼 빠르게 날아가는 거지.

생명체가 살 수 있을 것 같은 행성은 우주에 수백 개나 있어.
그중 가장 가까운 곳은 약 4.24광년 떨어진 프록시마 켄타우리야.
적당한 행성을 찾으면 내가 행성 게임에서 했던 것처럼
사람이 살 수 있는 환경을 만드는 거야.

사람이 살기 위해서는 물과 산소가 있어야 하고
온도와 기압 등 여러 가지 조건이 맞아야 해.

자, 그럼 또 하나의 지구를 찾아 출발!

★★ 과학과 미래 진로

새로운 지구를 찾는 사람들

새로운 지구를 찾기 위해 여러 가지 방법을 시도하는 사람들이 있어요. 유럽 우주국(ESA)은 가상 현실 전문가와 함께 '디지털 쌍둥이 지구'를 만들고 있지요. 컴퓨터 속의 지구를 보며 앞으로 일어날 기후 변화를 살피고 어떤 재난이 벌어질지 예측해요. 이러한 연구는 지구와 비슷한 외계 행성의 환경을 분석하고 예측하는 데 활용돼요.

천문학자는 우주 망원경으로 우주를 관찰하고 연구해 지구와 비슷한 환경을 가진 행성을 찾아요. 외계 행성 탐사용으로 만들어진 키옵스 우주 망원경은 '행성 추적자', '행성 사냥꾼' 등의 별명을 갖고 있어요.

테라포밍 엔지니어는 낯선 행성을 사람이 살 수 있는 환경으로 바꾸는 일을 상상하고 설계해요. 산소, 이산화 탄소, 온도 등을 조절해 공기를 만들거나, 식물이나 미생물을 이용해 토양을 비옥하게 만드는 방법을 연구하지요.

오프 월드 서식지 설계자는 달이나 화성 혹은 머나먼 행성에서 사람이 살 수 있는 집이나 도시를 구상하고 설계해요. 건물을 어떤 재료로 만들어야 안전할지, 방사선을 막아 주는 장치를 어떻게 설치할지 등을 연구해요.

119

참고 자료

34쪽 "세계 최대 DAC(직접공기포집) 플랜트 '오르카'…CO_2 광물로 격리해", 그리니엄, 2021.10.04 (https://greenium.kr/news/16615/)

48쪽 "해양폐기물 745톤 수거한 오션클린업, 태평양 쓰레기섬 해결할 최신 시스템 공개", 그리니엄, 2023.11.03 (https://greenium.kr/news/29080/)

58쪽 "Tropical forest losses rise in 2022 despite pledge to end them", Reuters, 2023.06.27

62쪽 "산불 예방에만 드론 사용한다고?…산림 복원에도 널리 사용돼", 2022.03.21 (https://greenium.kr/news/19420/)

63쪽 본 챌린지, 세계 자연 보전 연맹(International Union for Conservation of Nature), 2011

82쪽 세계 물 부족 현황, 국가물관리위원회 기사 중 국제 환경 연구 기관인 세계 자원 연구소(World Resources Institute, WRI) 통계 자료 참고 (https://www.water.go.kr/letter/41/sub02.html)

96쪽 코로나 감염자 수, 2024년 4월 WHO 및 Worldometer가 집계한 자료 참고

◆ 작가의 말

어떤 꿈을 꾸고 있나요?

'나는 이담에 커서 어떤 사람이 될까?'
'10년 후, 20년 후에 어디서 무슨 일을 하게 될까?'
우린 누구나 이런 생각을 해요. 내가 좋아하는 것과 잘하는 것은
무엇인지 곰곰이 궁리해요.

한 가지는 확실하게 알고 있어요. 나 혼자 즐거운 것보다 함께 즐거운
것이 백 배, 천 배 더 기쁘고 행복하다는 것을요. 기왕이면 우리 가족
모두, 기왕이면 학교 전체, 아니 우리나라를 넘어 세상 사람 모두!
그리고 솜다리꽃과 황제펭귄과 혹등고래 등 세상의 모든 식물과 동물도
함께 즐거운 세상이면 더욱 행복하겠죠.

그런 세상을 만들 수 있다면 얼마나 좋을까요?
너무 거창한 일이라고요? 하지만 그런 세상을 꿈꾸는 건 하나도 어렵지
않아요. 조금 더 눈을 크게 뜨고 주변을 둘러봐요. 조금 더 귀를 열고
사람들의 이야기를 들어 봐요. 그리고 나 자신을 찬찬히 들여다봐요.

그러다 보면 틀림없이 내가 하고 싶은 일, 모두의 행복을 위해 할 수 있는 일이 보일 거예요. 우리가 함께 이런 꿈을 꾼다면 미래에는 틀림없이 그런 세상이 올 거예요.

담이, 금이, 솜이, 범이, 팀, 샘이, 겸이와 참이, 움이.
지구를 지키고 세계 평화를 꿈꾸는 아홉 명의 친구들은 우리와 하나도 다를 게 없어요. 이 친구들과 함께 우리도 멋진 꿈을 꾸고 한 발 한 발 천천히 나아가요.

기후 위기에 처한 지구를 구하고 모두 다 함께 안전하게 잘사는 세상을 만드는 일, 바로 우리가 할 수 있어요!
꿈을 꾸면 언젠가 이루어질 거라고 확신해요. 여러분 모두 슈퍼맨, 아이언맨보다 훨씬 대단한 초특급 울트라 슈퍼 히어로가 될 거예요!

고래아빠 신정민